hen

母鸡

mǔ jī

rooster

公鸡

gōng jī

chick

小鸡

xiǎo jī

duckling

小鸭子

xiǎo yā zi

turkey

火鸡

huǒ jī

donkey

驴

lǘ

swan

天鹅

tiān é

frog

青蛙

qīng wā

racoon

浣熊

huàn xióng

bear

熊

xióng

squirrel

松鼠

sōng shǔ

fly

苍蝇

cāng ying

ladybug

瓢虫

piáo chóng

worm

蠕虫

rú chóng

snail

蜗牛

wō niú

slug

蛞蝓

kuò yú

bee

蜜蜂

mì fēng

spider

蜘蛛

zhī zhū

beetle

甲虫

jiǎ chóng

dragonfly

蜻蜓

qīng tíng

lion
狮子
shī zi

zebra
斑马
bān mǎ

giraffe
长颈鹿
cháng jǐng lù

rhinoceros
犀牛
xī niú

snake

蛇

shé

mosquito

蚊子

wén zi

sea turtle

海龟

hǎi guī

hippopotamus

河马

hé mǎ

alligator

短吻鳄

duǎn wěn è

crocodile

鳄鱼

è yú

shark

鲨鱼

shā yú

walrus

海象

hǎi xiàng

penguin

企鹅

qǐ é

polar bear

北极熊

běi jí xióng

seal

海豹

hǎi bào

starfish

海星

hǎi xīng

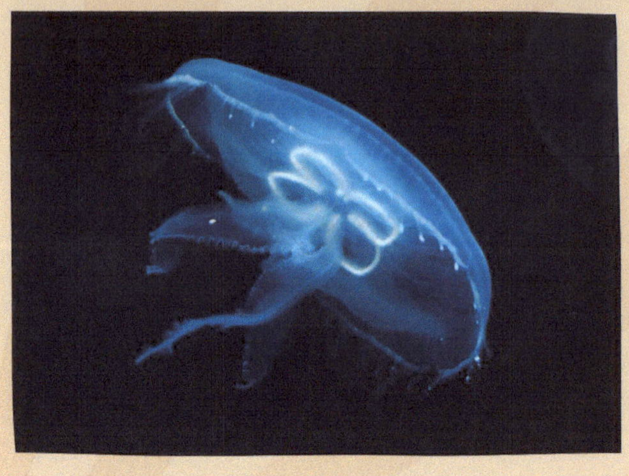

jellyfish

水母

shuǐ mǔ

seashells

贝壳

bèi ké

feather

羽毛

yǔ máo

11
eleven

十一

shí yī

12
twelve

十二

shí èr

13
thirteen

十三

shí sān

14
fourteen

十四

shí sì

15

fifteen

十五

shí wǔ

16

sixteen

十六

shí liù

17

seventeen

十七

shí qī

18

eighteen

十八

shí bā

19

nineteen

十九

shí jiǔ

20

twenty

二十

èr shí

heart
心
xīn

oval
椭圆形
tuǒ yuán xíng

arrow
箭头
jiàn tóu

crescent
月牙形
yuè yá xíng

curve

曲线

qū xiàn

spiral

螺旋形

luó xuán xíng

cross

十字形

shí zì xíng

zigzag

之字形

zhī zì xíng

rainbow

彩虹

căi hóng

dark colors

深色

shēn sè

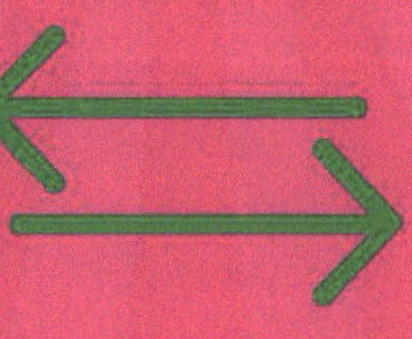

light colors

浅色

qiăn sè

dots

点

diǎn

line

线

xiàn

short

矮

ǎi

tall

高

gāo

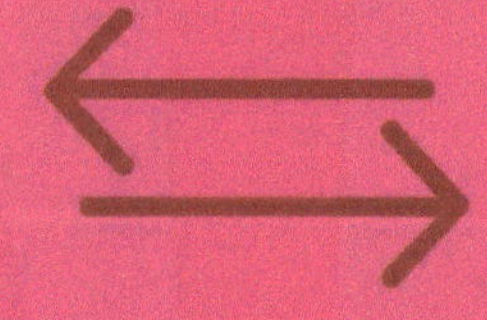

a little

一点

yì diǎn

a lot

很多

hěn duō

full

满

mǎn

empty

空

kōng

curly hair
卷发
juǎn fà

straight hair
直发
zhí fà

accept
赞成
zàn chéng

refuse
拒绝
jù jué

identical

相同

xiāng tóng

different

不同

bù tóng

dry

干燥

gān zào

wet

湿

shī

toys
玩具
wán jù

ball
球
qiú

blocks
积木
jī mù

robots
机器人
jī qì rén

tongue

舌头

shé tou

nose

鼻子

bí zi

hair

头发

tóu fà

moustache

小胡子

xiǎo hú zǐ

fingers

手指

shǒu zhǐ

arm

手臂

shǒu bì

knee

膝盖

xī gài

elbow

手肘

shǒu zhǒu

smile

微笑

wēi xiào

kiss

亲吻

qīn wěn

cry

哭

kū

pain

疼

téng

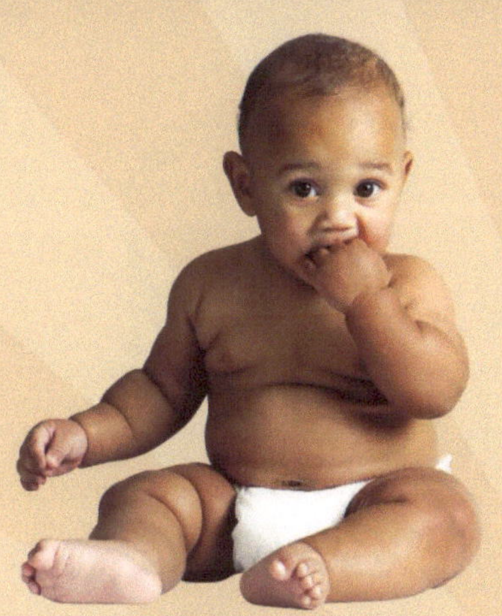

body

身体

shēn tǐ

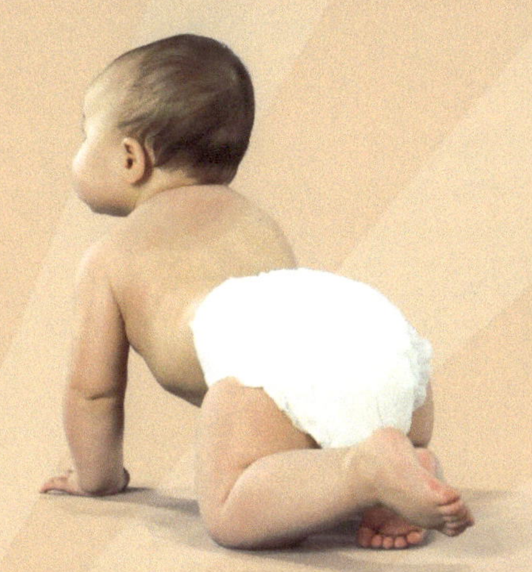

back

背

bèi

pacifier

奶嘴

nǎi zuǐ

high chair

儿童餐椅

ér tóng cān yǐ

soap

肥皂

féi zào

toothbrush

牙刷

yá shuā

towel

毛巾

máo jīn

potty

儿童坐便器

ér tóng zuò biàn qì

ring

戒指

jiè zhi

bracelet

手镯

shǒu zhuó

necklace

项链

xiàng liàn

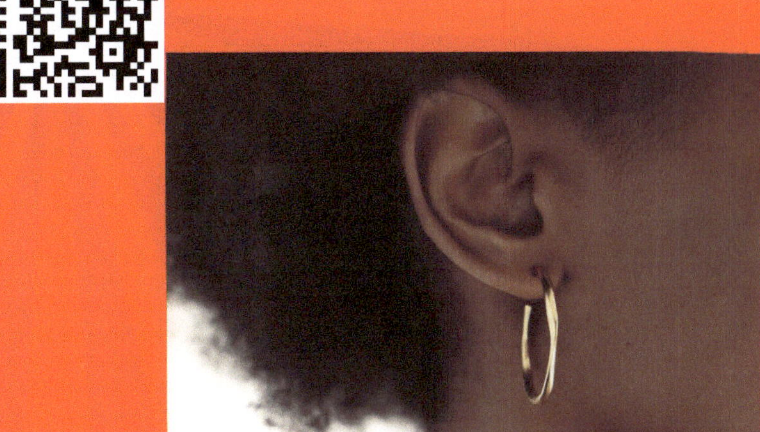

earring

耳环

ěr huán

chocolate
巧克力
qiǎo kè lì

popcorn
爆米花
bào mǐ huā

jam
果酱
guǒ jiàng

toast
吐司
tǔ sī

honey

蜂蜜

fēng mì

butter

黄油

huáng yóu

bread

面包

miàn bāo

ice cream

冰淇淋

bīng qí lín

semolina
粗粒小麦
cū lì xiǎo mài

rice
米
mǐ

pasta
意大利面
yì dà lì miàn

soup
汤
tāng

milk

牛奶

niú nǎi

water

水

shuǐ

juice

果汁

guǒ zhī

kiwi

奇异果

qí yì guǒ

raspberry

树莓

shù méi

grapefruit

葡萄柚

pú tao yòu

melon

甜瓜

tián guā

plum

李子

lǐ zi

apricot

杏子

xìng zi

pomegranate

石榴

shí liú

fig

无花果

wú huā guǒ

blueberry

蓝莓

lán méi

cranberry

蔓越莓

màn yuè méi

persimmon

柿子

shì zi

lychee

荔枝

lì zhī

fruits
水果
shuǐ guǒ

vegetables
蔬菜
shū cài

avocado
牛油果
niú yóu guǒ

green bean
青豆
qīng dòu

broccoli
花椰菜
huā yē cài

eggplant
茄子
qié zi

peas
豌豆
wān dòu

bell pepper
甜椒
tián jiāo

beet

甜菜

tián cài

lettuce

生菜

shēng cài

endive

菊苣

jú jù

artichoke

洋蓟

yáng jì

leek

韭葱

jiǔ cōng

onion

洋葱

yáng cōng

garlic

大蒜

dà suàn

ginger

姜

jiāng

walnuts

核桃

hé táo

almond

杏仁

xìng rén

pistachio

开心果

kāi xīn guǒ

cashew

腰果

yāo guǒ

www.ingramcontent.com/pod-product-compliance
Lightning Source LLC
LaVergne TN
LVHW071648180726
843512LV00002B/411